알면 알수록 더 궁금해지는 놀라운 생화학 교실 키즈 유니버시티
KIDS UNIVERSITY

"BABY BIOCHEMIST: ENZYMES"

효소

카라 플로렌스 지음 | 정회성 옮김

여러분이 자신의 몸 안을 들여다볼 수 있다면 아마 감탄할 거예요.
"와! 꼬물대는 친구들이 엄청 많잖아!" 바쁘게 돌아가는 우리 몸에는
효소라는 것이 있어요. 효소는 우리 몸 안에서
무언가를 짓고, 옮기고,
읽고, 만들고,
재활용하는 등
아주 많은
일을 해요.

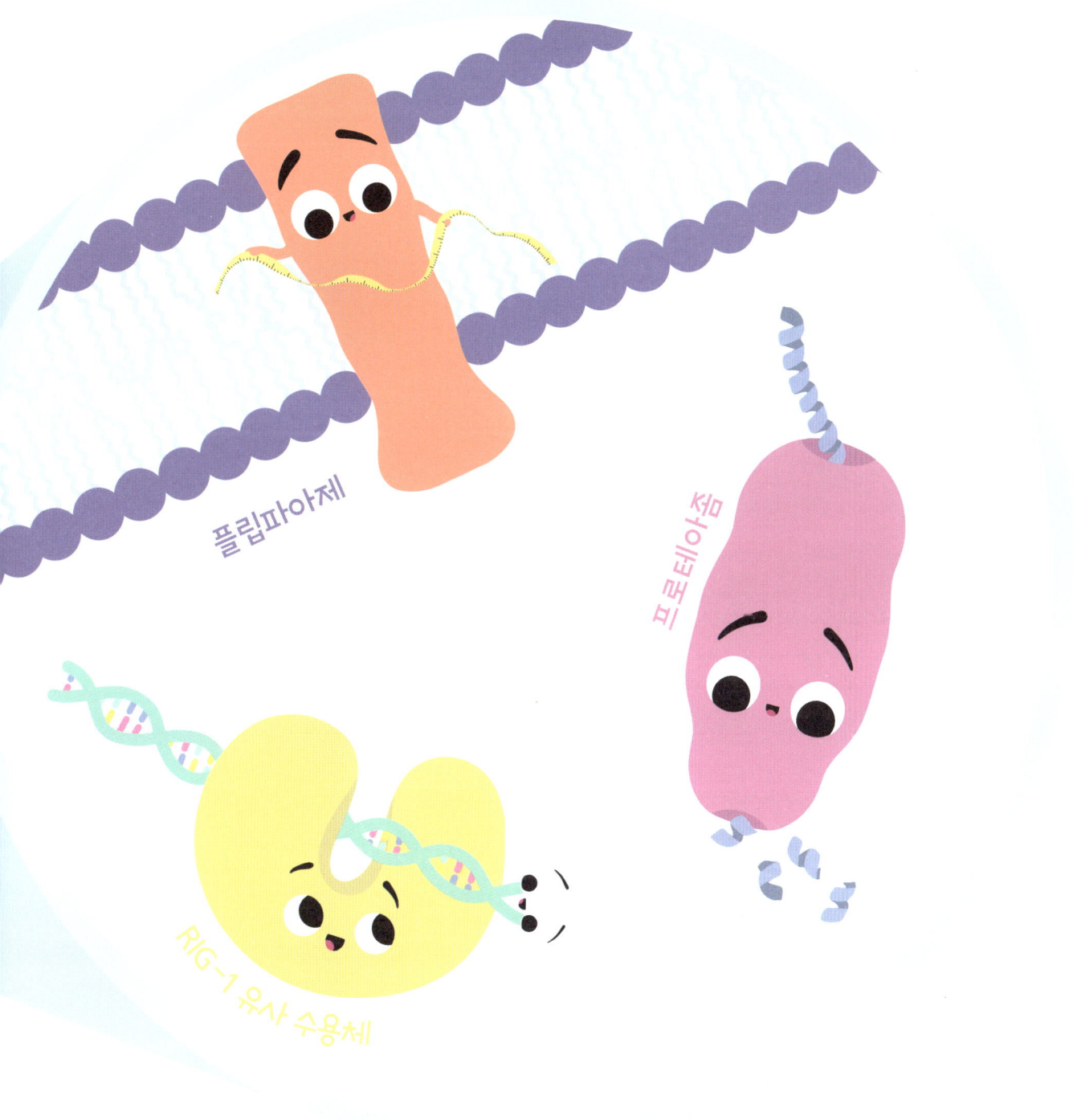

물질을 이루는 아주 작은 조각을 **분자**라고 해요.

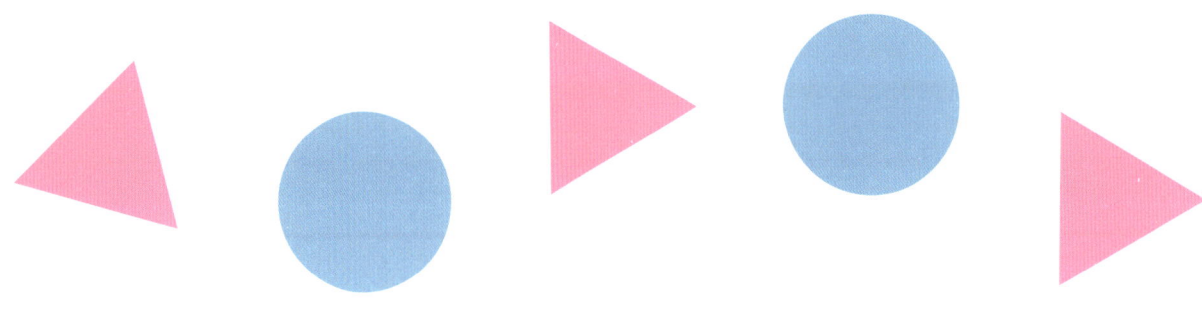

서로 다른 분자가 만나 **반응**해서 새로운 분자를 만들 수 있어요.

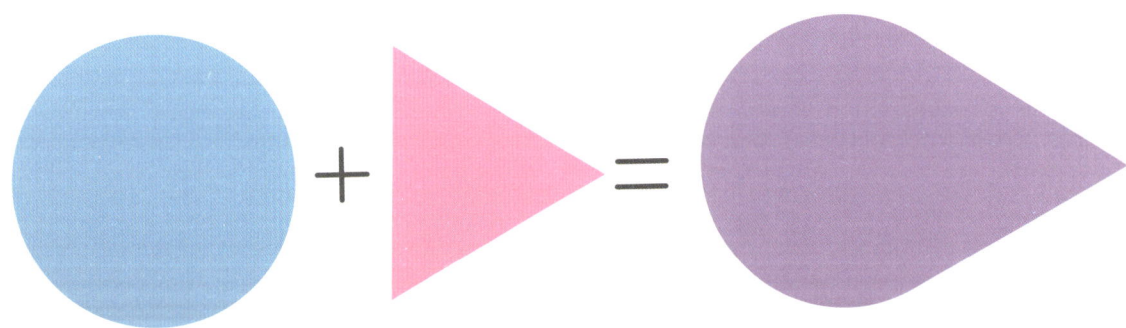

효소는 분자들이 **반응**하도록 돕는 단백질이에요.

분자들

새로운 분자

효소

반응은 우리 주변에서 흔히 일어나요. 케이크를 만들 때도, 배터리에 무언가를 연결했을 때도 반응이 일어난답니다.

반응은 빠르게 일어나기도 하고, 느리게 일어나기도 해요.

녹이 슬어요

철 + 산소

'쉬이익' 하고 거품이 생겨요

베이킹 소다 + 식초

달걀이 익어요

단백질 + 열

우리 몸에서는 이런저런 반응이 아주 빠르게 일어나요. 한번 양쪽 팔을 흔들면서 우스꽝스러운 표정을 지어 볼래요? 방금 여러분 몸을 움직이기 위해 효소가 작용한 거예요!

효소는 알맞은 분자가 빠르게 반응할 수 있도록 안내하는 역할을 해요.
이를 **촉매 작용**이라고 하지요.

이곳은 **활성 자리**예요. 활성 자리란 효소에서 반응이 일어나는 곳을 말해요.

이것은 **효소기질**이에요.
효소기질은 효소가 반응하는 데 도움을 주는 분자예요.
손가락으로 **효소기질**을 끌어다 효소의 활성 자리에 붙여 볼래요?

와! 이 효소는 반응이 무척 빨라요. 효소기질들이 효소의 활성 자리에 딱 들어맞았어요! 이렇게 태어난 새로운 분자를 **생성 물질**이라고 해요.

화학 반응이 일어나면 생성 물질은 효소를 떠나요. 이제 효소에는 또 다른 효소기질들이 들어와 반응을 일으킬 수 있어요!

효소의 종류는 무척 많아요.
모양도 여러 가지예요.

나는 분자 안에서 원자의 위치를 바꾸는 일을 해!

나는 당분에 부피가 큰 분자를 붙여 세포에 머물게 해. 그러면 에너지로 사용할 수 있지!

삼탄당 인산 이성질화 효소

헥소카이네이스

이렇게 다양한 효소들이 우리 몸 안에서 각각 반응을 일으키고 있어요.

우리가 음식을 입에 넣으면,
효소가 곧바로 일하기 시작한답니다!

침 속에 있는 효소인 **아밀레이스**는 **탄수화물**이라는 기다란 음식 분자를 **당**이라는 작은 분자로 분해해요.

야호, 정말 잘했어요! 이제는 아밀레이스가 **엿당**을 만들 거예요.

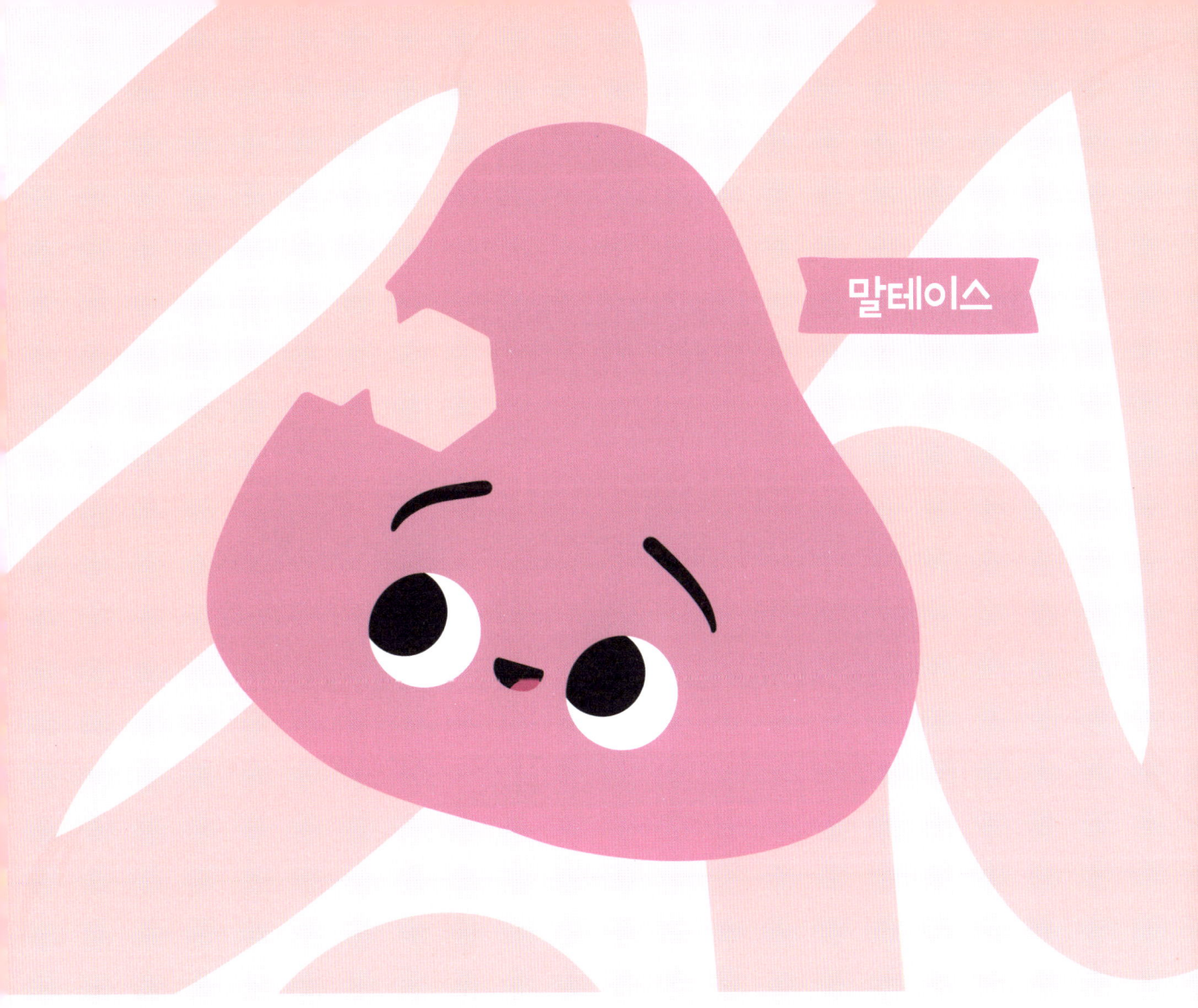

엿당은 작은창자에서 자기 짝을 만나요. **말테이스**라는 효소예요.
말테이스의 **활성 자리**에 엿당을 넣어 볼까요?

좋아요! 여러분은 방금 말테이스가 **포도당**을 만들도록 도왔어요. 포도당은 아주아주 중요한 분자예요. 이제 포도당을 **에너지**로 바꾸기 위해 수많은 효소가 함께 열심히 일할 거예요.

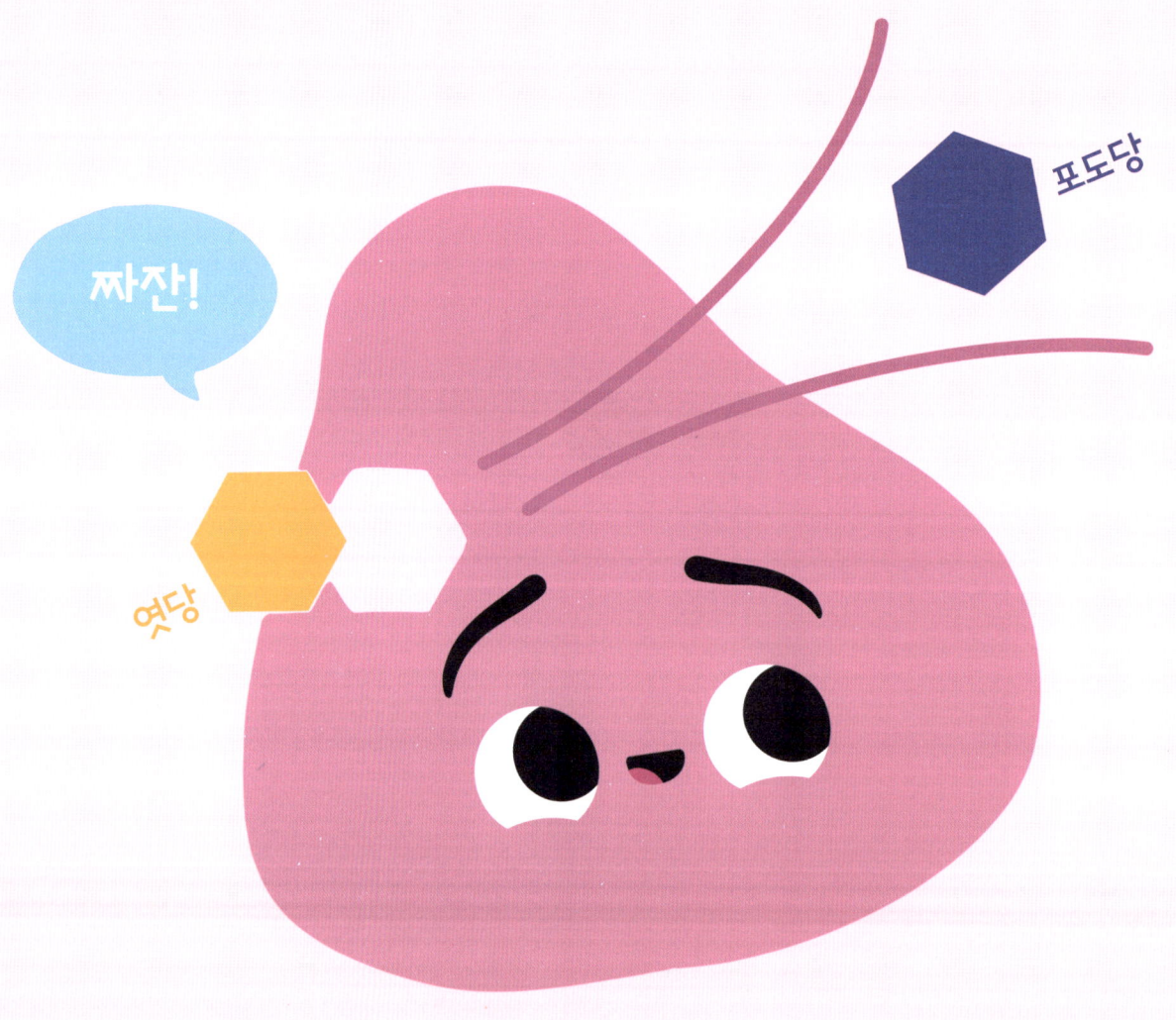

이 효소들이 활동하도록 책을 **흔들어** 봐요!

효소들은 우리가 활동하는 데 필요한 에너지의 샘이라고 할 수 있는 **ATP**를 만들어요.

우리 몸에는 더 많은 효소가 ATP와 여러 분자를 사용해서 우리가 뛰어놀고 노래하고 춤추고 생각하고 또 그 밖의 수많은 일을 할 수 있게 돕고 있어요!

나는 카이네이스야. 나는 ATP를 통해 몸 전체에 신호를 보내지!

나는 마이오신이야. 나는 ATP를 통해 근육을 움직이게 해!

나는 나트륨 칼륨 펌프야. 나는 ATP를 통해서 우리가 생각할 수 있게 도와!

효소들아, 우리가 화학 반응 하도록 도와줘서 고마워!

여러분이
언젠가 **과학자**가 되면,
효소를 연구할 수 있을 거예요!

효소

초판 1쇄 발행 2023년 11월 15일
지은이 카라 플로렌스 **옮긴이** 정회성
펴낸이 김현태 **펴낸곳** 책세상어린이 **등록** 2021년 1월 22일 제2021-000032호
주소 서울시 마포구 잔다리로 62-1, 3층(04031) **전화** 02-704-1251 **팩스** 02-719-1258
이메일 editor@chaeksesang.com **광고·제휴 문의** creator@chaeksesang.com
홈페이지 chaeksesang.com **페이스북** /chaeksesang **트위터** @chaeksesang
인스타그램 @chaeksesang **네이버포스트** bkworldpub

ISBN 979-11-5931-786-6 74080
ISBN 979-11-5931-969-3 (세트)

잘못되거나 파손된 책은 구입하신 서점에서 교환해 드립니다.
책값은 뒤표지에 있습니다.
책세상어린이는 도서출판 책세상의 아동·청소년 브랜드입니다.
전 연령의 어린이에게 적합한 도서입니다. Printed in Korea

All rights reserved
including the right of reproduction in whole or in part in any form.
This edition published by arrangement with Sourcebooks, LLC.
This Korean translation published by arrangement with
Chris Ferrie in care of Sourcebooks, LLC through Alex Lee Agency ALA.

이 책의 한국어판 저작권은 알렉스리에이전시 ALA를 통해 Sourcebooks, LLC사와 독점 계약한 책세상에 있습니다.
저작권법에 의해 한국 내에서 보호를 받는 저작물이므로 무단 전재와 복제를 금합니다.

지은이 **카라 플로렌스**

생화학자예요. 미국 이오나대학교에서 화학을 공부한 뒤 콜로라도 볼더대학교에서 생화학 박사 학위를 받았어요. 딸 셋과 함께 요리하고 실험하는 것을 즐기며, 어렸을 때부터 과학을 쉽고 친밀하게 느낄 수 있도록 어린이를 위한 책을 쓰고 있어요.

옮긴이 **정회성**

도쿄대학교 대학원에서 비교문학을 공부하고 성균관대학교와 명지대학교에서 번역 이론을 강의했어요. 지금은 인하대학교 영어영문학과 초빙교수로 재직하면서 번역가로 활동하고 있어요. 《피그맨》으로 2012년 IBBY(국제아동청소년도서협의회) 어너리스트(Hornor List) 번역 상을 받았어요. 옮긴 책으로 《위대한 개츠비》, 《인간 실격》, 《동물 농장》, 《월든》, 《이게 모두 사실이라고?》 등이 있고, 쓴 책으로 《혼자서도 술술 영어 일기 쓰기》, 《책 읽어 주는 로봇》, 《내 친구 이크발》 등이 있어요.

'키즈 유니버시티 시리즈' 사용 설명서

동화책을 읽어 줄 때처럼, 이 책도 열정을 가지고 읽어 주세요. 엄마나 아빠, 선생님 같은 어른들이 관심을 가진다면, 아이들도 그만큼 책에 주의를 기울일 거예요. 아이들이 이해할 수 있도록 도와주면서 호기심을 자극하세요. 과학이 중요하다는 사실을 알려 주세요.

아이들은 때때로 그림에만 흥미를 느끼고, 내용을 이해하지 못해 답답해하며 질문을 쏟아 낼지도 모릅니다. 그러면 가장 먼저 아이를 칭찬해 주세요. 또 함께 풀어 보자고 의욕을 북돋워 주세요. 생각과 질문이 얼마나 중요한 것인지도 얘기도 주시고요. 정답을 알지 못해도 괜찮다고 다독이며, 때로는 답을 찾아가는 과정이 더 재미있다는 것도 알려 주세요. 아이가 던지는 질문에 대한 가장 좋은 대답은 바로 "네 생각은 어떠니?"라고 되묻는 것입니다.

자신의 생각을 잘 표현하는 아이로 성장하려면, 학습이 하나의 과정이라는 사실을 꼭 이해해야 합니다. 성공은 단순히 정답을 맞히는 것 이상의 의미를 갖습니다. 성공이란 질문을 던질 수 있는 용기, 답을 찾아내려는 끈기, 틀렸을 때 다시 일어설 수 있는 회복력을 갖추는 것을 의미합니다. 틀려도 괜찮습니다. 모든 실패는 성공을 향한 걸음이니까요. 이 걸음에서 어른들의 역할은 아이에게 과학을 가르치고 사실을 알리는 것에 그치지 않고, 평생 배움을 이어 나가는 데 필요한 기술과 마음가짐을 깨우치게 하는 것입니다.

크리스 페리